Marc Steiner

»SCHATZ, ICH HABE DAS KLO REPARIERT!«

Meisterstücke der Heimwerkerkunst

Bibliografische Information der Deutschen Nationalbibliothek:
Die Deutsche Nationalbibliothek verzeichnet diese Publikation in der Deutschen Nationalbibliografie; detaillierte bibliografische Daten sind im Internet über http://d-nb.de abrufbar.

Für Fragen und Anregungen
info@rivaverlag.de

Mehr Pfusch am Bau gibt's hier:
https://fb.com/pfuschambaugmbh
https://baufun.shop

Originalausgabe
2. Auflage 2019

Nymphenburger Straße 86
D-80636 München
Tel.: 089 651285-0
Fax: 089 652096

Umschlaggestaltung und Layout: Laura Osswald
Umschlagabbildung: Von links: Alfi, Sarah Falkenberg, Lukas B., Andy/ Rænderson, Tobi aus Wanne Eickel, Christian (Rückseite)
Satz: Daniel Förster
Druck: Florjancic Tisk d.o.o., Slowenien
Printed in the EU

ISBN Print 978-3-7423-0658-6
ISBN E-Book (PDF) 978-3-7453-0232-5
ISBN E-Book (EPUB, Mobi) 978-3-7453-0233-2

Weitere Informationen zum Verlag finden Sie unter
www.rivaverlag.de
Beachten Sie auch unsere weiteren Verlage unter www.m-vg.de.

Marc Steiner

»SCHATZ, ICH HABE DAS KLO REPARIERT!«

Meisterstücke der Heimwerkerkunst

Neues von Pfusch am Bau

riva

Vorwort

Viele kennen die Situation: man wird gefragt, ob man nicht ein wenig handwerkliches Geschick hätte, um eine kleine Reparatur auszuführen.

Oft denkt man sich dann: »Sicher kann ich das – ich weiß doch, was ich tue!«

Und wer musste dann nicht schon einmal ein neues Bild aufhängen, um Bohrlöcher zu kaschieren oder ist beim Aufbau eines Kleiderschrankes an den 35 875 Einzelteilen gescheitert, sodass nur ein Buch den schiefen Stand des Schrankes korrigieren konnte? Denn wenn man als Heimwerker die Profis außen vor lässt, geht ab und zu auch einiges schief.

Unsere Facebook-Seite »Pfusch am Bau« sammelt und dokumentiert seit 2012 allerlei Baupfusch und bringt damit täglich knapp eine Million Fans zum Lachen und Staunen. Nach dem Buch *Das kannste schon machen, aber dann isses halt kacke*, in dem die Schandtaten der vermeintlichen Profis versammelt sind, widmet sich der neue Band *Schatz, ich habe das Klo repariert!* nun den übelsten und lustigsten Heimwerker-Sünden.

Wir möchten uns an dieser Stelle ganz herzlich bei unseren Fans und Autoren bedanken, die uns jeden Tag mit kuriosen Bilder und Videos rund um »Pfusch am Bau« unterstützen. Ohne euch würde es dieses Buch nicht geben!

Auch möchten wir uns noch bei folgenden Personen für die grandiose Unterstützung bedanken: Stefan Bergermann, Die DENKAZ, Der URBAN, Detlef Steves, riva Verlag (ganz besonders bei Sarah für ihre Geduld und Unterstützung) und natürlich bei unseren Familien.

Marc und Andy

Pils geht immer!

Rammschutz Marke Eigenbau

Deswegen „Forelle blau“ …

Der Schraubenschlüssel rutscht nur dann ab, wenn eine scharfe Kante in der Nähe deiner Fingerknöchel ist.
HEIMWERKER-SPRÜCHE

My

Arbeiten am Limit!

Repariert nach DIN Pfusch.

Nur noch verfugen, dann ist es fertig!

Schatz, dieses Jahr backe ich!

Ich habe mich gewogen.
Laut Wasserwaage liege ich perfekt auf der Couch.
PaB
HEIMWERKER-SPRÜCHE
8 9 10 11 12 13 14 15 16 17 18 23

Life Hack 2.0

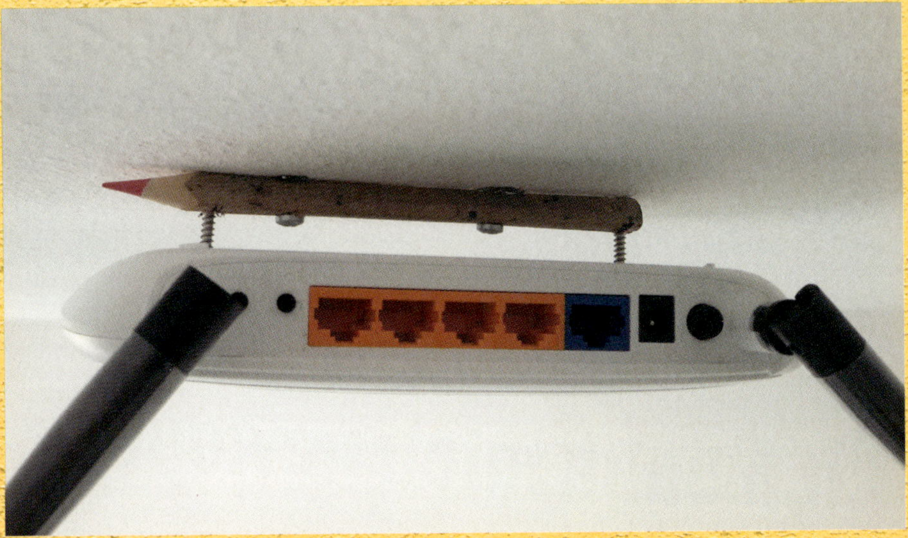

Fernsehen funktioniert wieder!

Baustellenbesteck

Neulich beim TÜV

Leuchte am Werk

Notausschalter sind wichtig.

PaB
So tun, als ob man sich beim Abendessen verschluckt hat, damit man das Bier auf Ex austrinken kann. Ich bin so schlau.
HEIMWERKER-SPRÜCHE

Poolplätze müssen verdichtet werden.

Die Wand muss atmen!

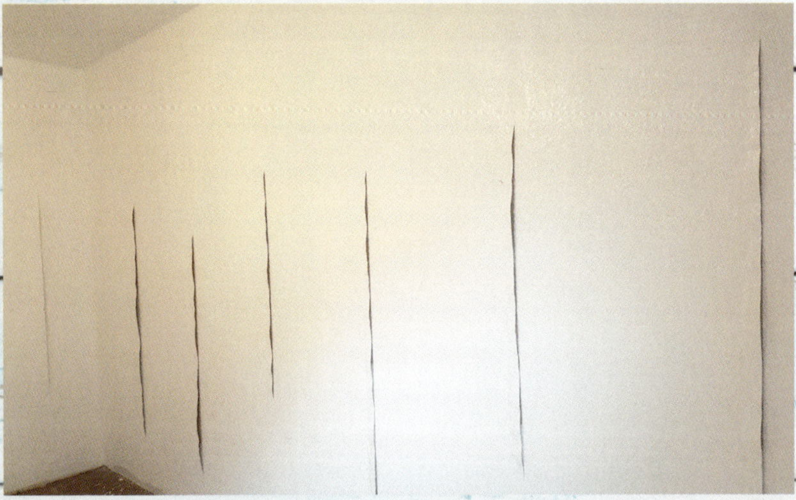

Petersilie
Another
Mistape.

Das Ergebnis von: »Tüddel da ein bisschen Draht drum!«

Schatz, um den Weihnachtsbaum kümmere ich mich dieses Jahr.

WO die Steckdosen im Wohnzimmer genau hinsollen, hast du nicht gesagt!

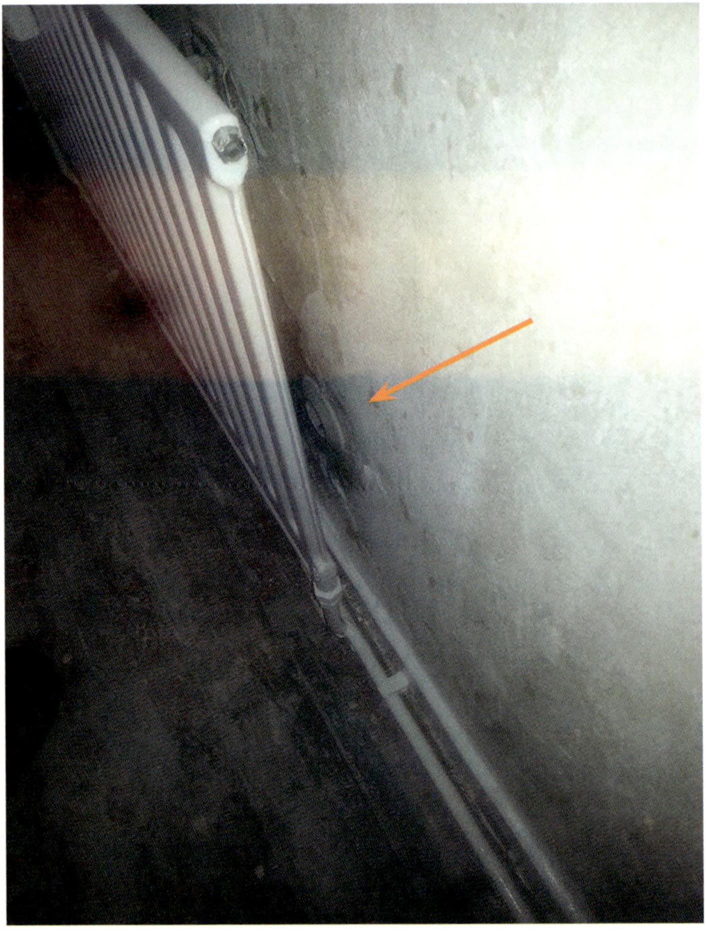

„Was gefällt dir an deinem Job am besten?“

„Manchmal hat jemand Geburtstag und es gibt Bier.“

Klopapierhalter ist montiert.

10 Jahre Rohbau – es geht voran!

Wenn den Nachbarn die Sonne aus dem Arsch scheint ...

Zwo, eins, Risiko!

Ja, das ist Kunst!

Safety first.

Um die Ecke gedacht!

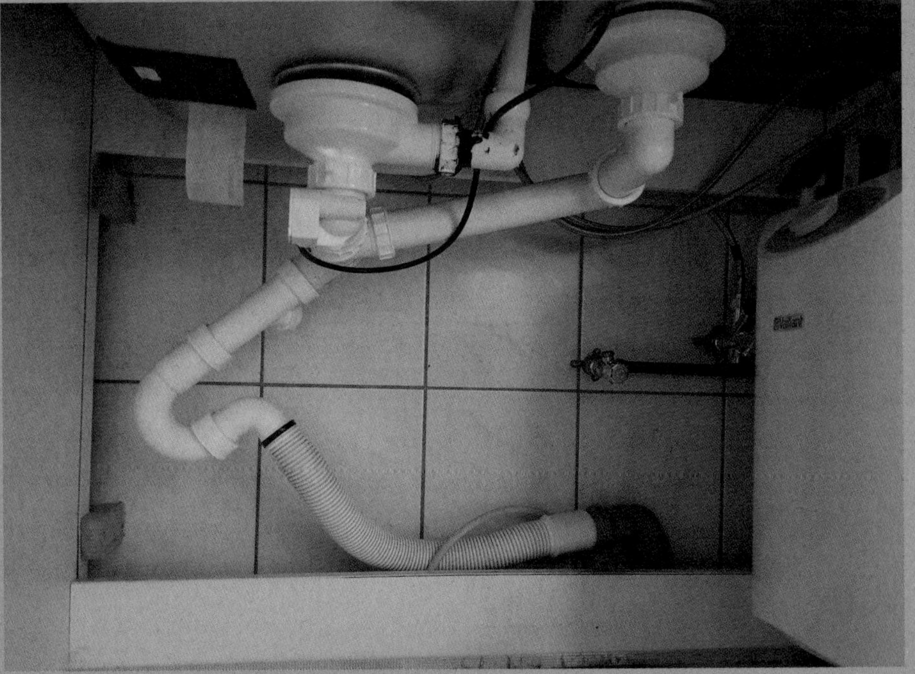

PaB
Wollte gerade ein bisschen Sport machen.
Ein paar Sit-ups.
Hab mich auf den Boden gelegt.
Bin eingeschlafen ...
HEIMWERKER-
SPRÜCHE

Heimwerken ist kein Hobby – es ist eine Lebenseinstellung.

Steckdosen werden überbewertet.

Renovierung de luxe.

Man muss sich nur zu helfen wissen!

Lauchmelder ist installiert

Für die Gäste nur das Beste.

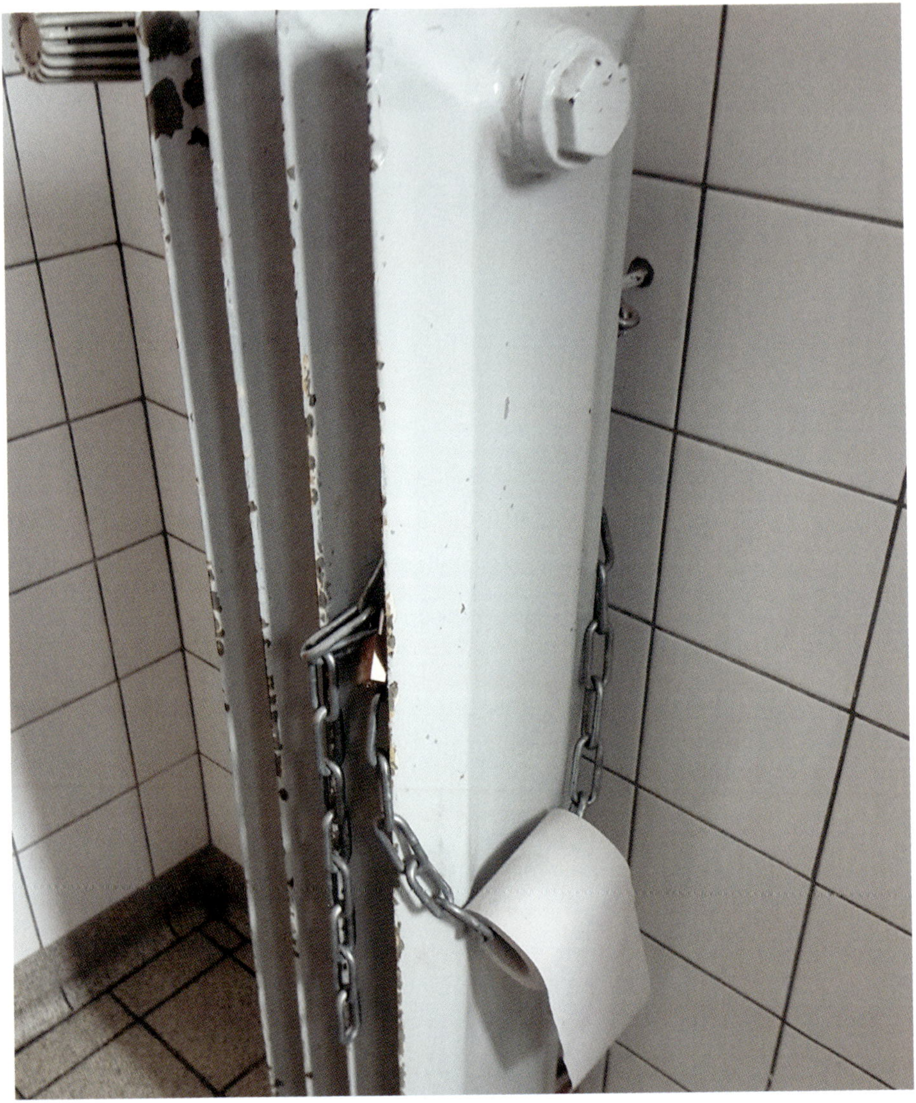

DAS Klopapier klaut niemand mehr!

PaB
Brüste sind wie LEGO.
Für Kinder gemacht, aber
Männer spielen damit.
HEIMWERKER-
SPRÜCHE

Reste? Ich habe keine Reste.

Das Runde muss aufs Eckige.

Sicherheit immer zuerst!

Teewurst mal anders.

Ich kann Menschen so sehr ignorieren, dass sie glauben, sie wären Baumarktkunden.
HEIMWERKER-
SPRÜCHE

Was nicht passt, wird passend gemacht!

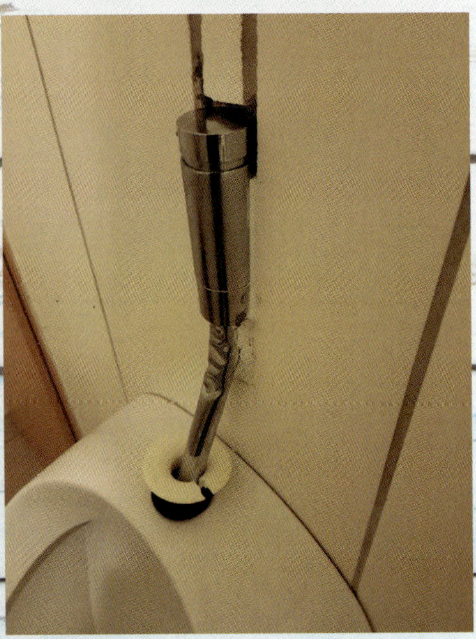

Es ist nicht mein Job!

Der Architekt war
wirklich günstig!

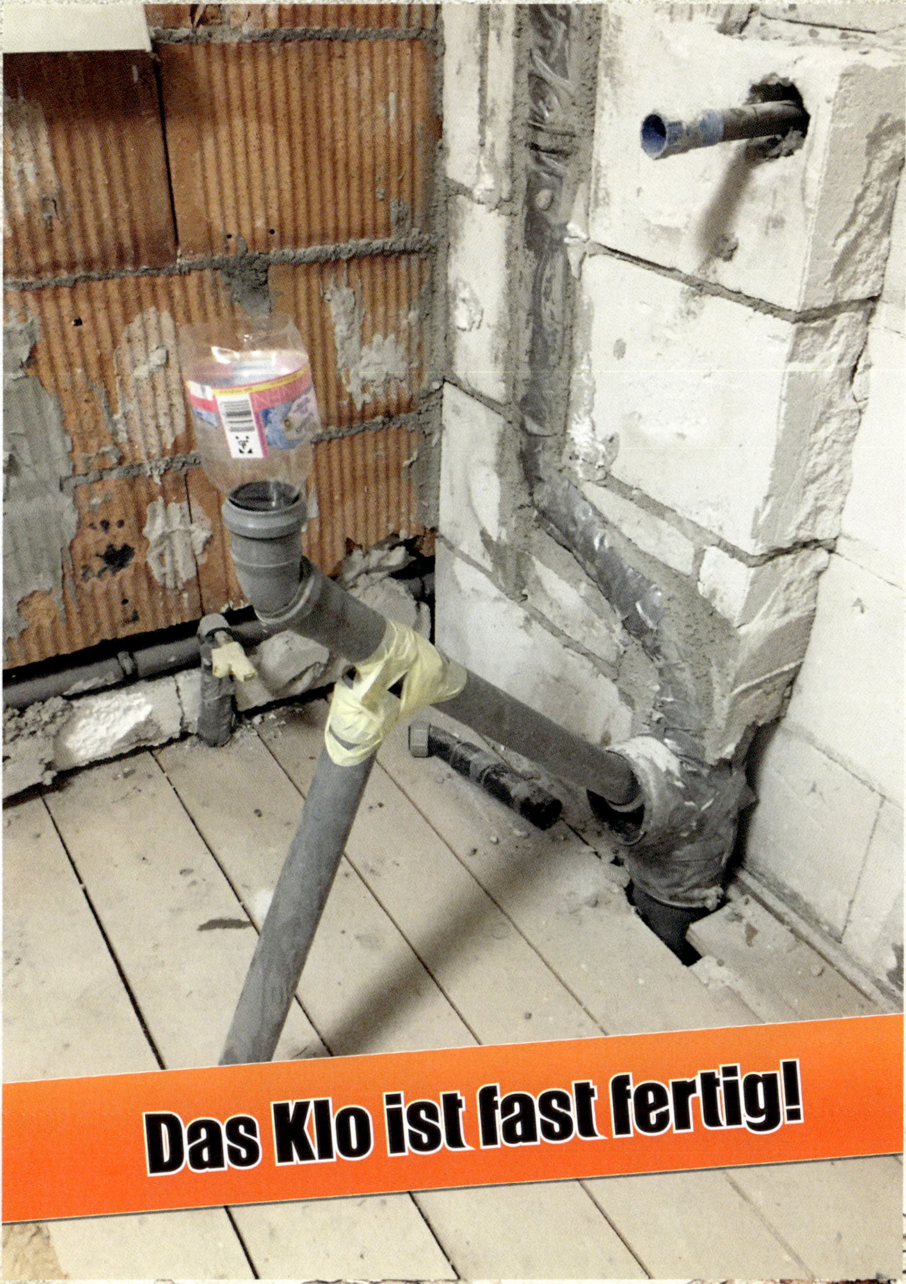

Das Klo ist fast fertig!

Schatz, Tetris spielen bringt doch was!

PaB
»Hey, was macht die Arbeit?«
»Nichts macht die.
Ich muss alles selber machen.«
HEIMWERKER-
SPRÜCHE

Von weiter weg sieht man's gar nicht so!

Klotür
passt jetzt!

... Stein an Stein,
die Einfahrt wird bald fertig sein.

Wie die Dusche jetzt wohl aussieht?

Ist das so etwa nicht richtig?!?

»Ich weiß gar nicht,
was du beruflich machst.«
»Du, ich auch nicht.
Ich geh da einfach hin.«
HEIMWERKER-
SPRÜCHE

Ab jetzt bitte nur noch weiche Kost ...

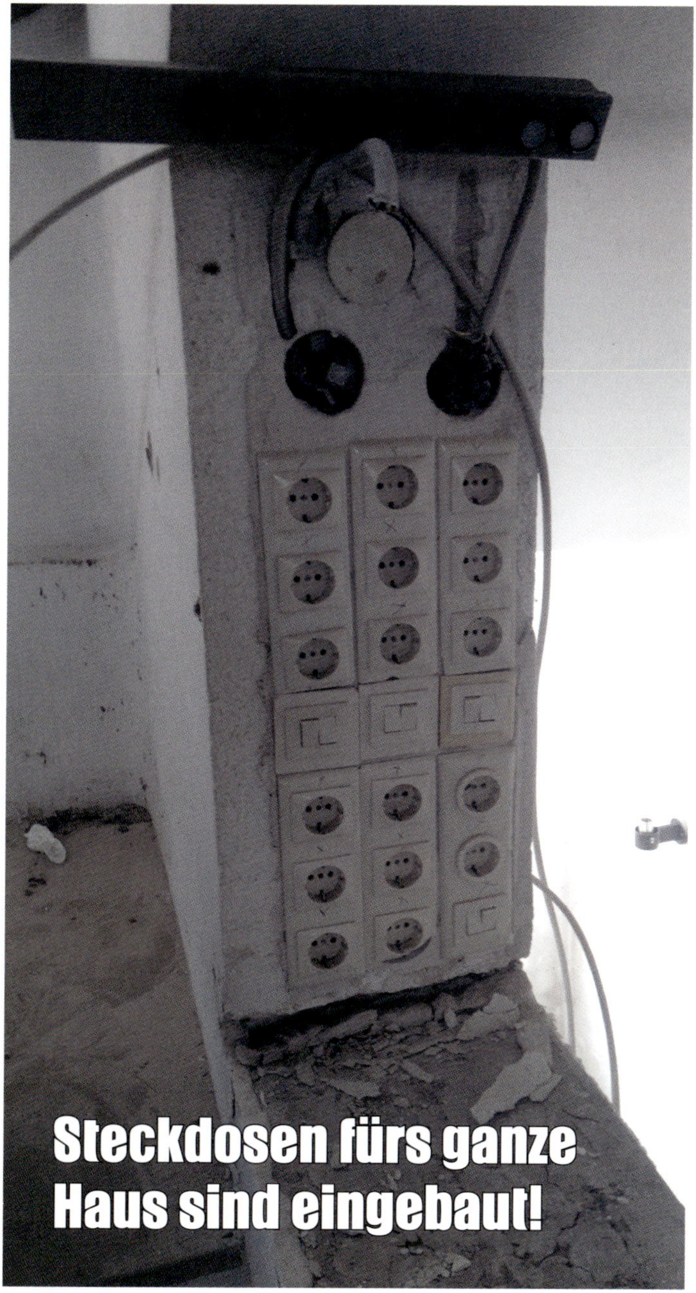
Steckdosen fürs ganze
Haus sind eingebaut!

Widerrechtlich abgestellte Fahrzeuge werden kostenpflichtig abgeschleppt!
Verkauf
Fachha

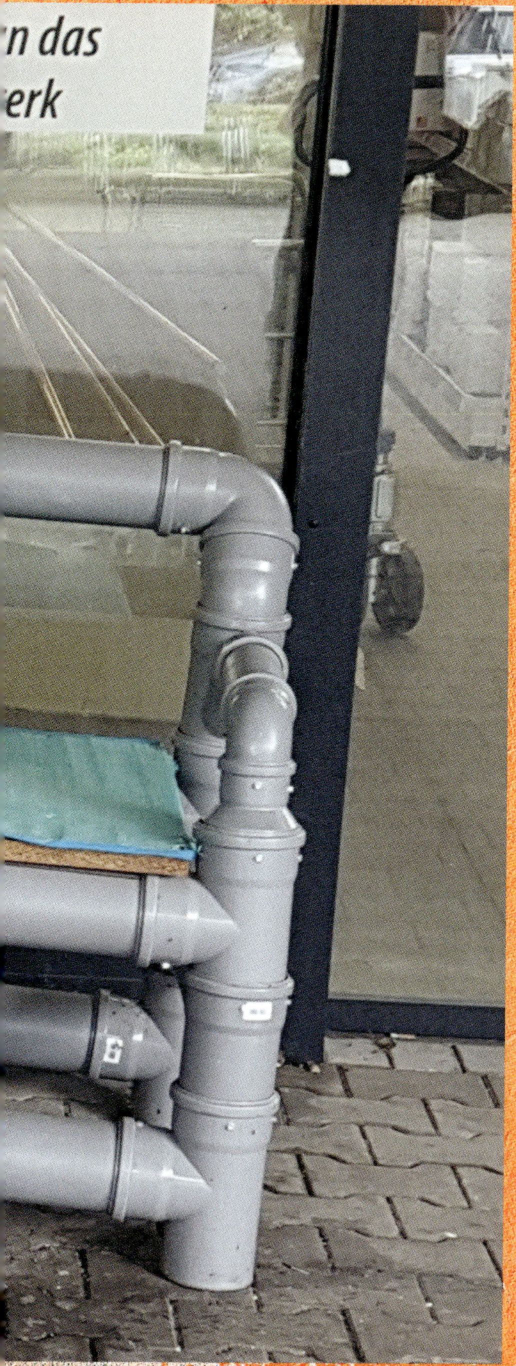

... das Fachhandwerk weiß unsere Bank nämlich zu schätzen!

Siphon ist wieder dicht!

PaB
Meinungsaustausch im Arbeitsalltag: Mit der eigenen Meinung zum Chef gehen und mit seiner Meinung wiederkommen.
HEIMWERKER-
SPRÜCHE

Spülkasten kreativ.

Wir haben jetzt ein Navi im Auto.

Gartenleuchte 2.0

Was nicht passt, wird ...

Bögen waren gerade im Angebot.

Ich bin fassungslos!

Endlich wieder dicht.

Heizung müde, Heizung
muss schlafen!

Immer schön zielen!

Filler L 10

Silikonpresse Marke Eigenbau

Schatz, wo ist eigentlich das Sieb?

PaB
Unsere Klingel ist kaputt. Jetzt meinte meine Frau, wir kleben einfach eine Nadel auf den Schalter, dann hören wir durch den Schrei, wenn jemand zu uns will.
HEIMWERKER-SPRÜCHE

Okay, nächstes Mal mache ich das wieder nüchtern …

Wenn man den Kopf
schräg hält, geht's.

Was des Meisters Hand
nicht ziert, wird mit
Silikon zugeschmiert!

Wer braucht schon ein Gerüst?!

Die Bauschaum-mafia war da.

Handtuchhalter Marke Eigenbau.

Wenn Fensterbauer in der Freizeit schrauben ...

Suchbild: Finde den Fehler.

Der Architekt war heute auch schon da!

Schatz, die Gardinen hängen wieder!

Planung ist alles.

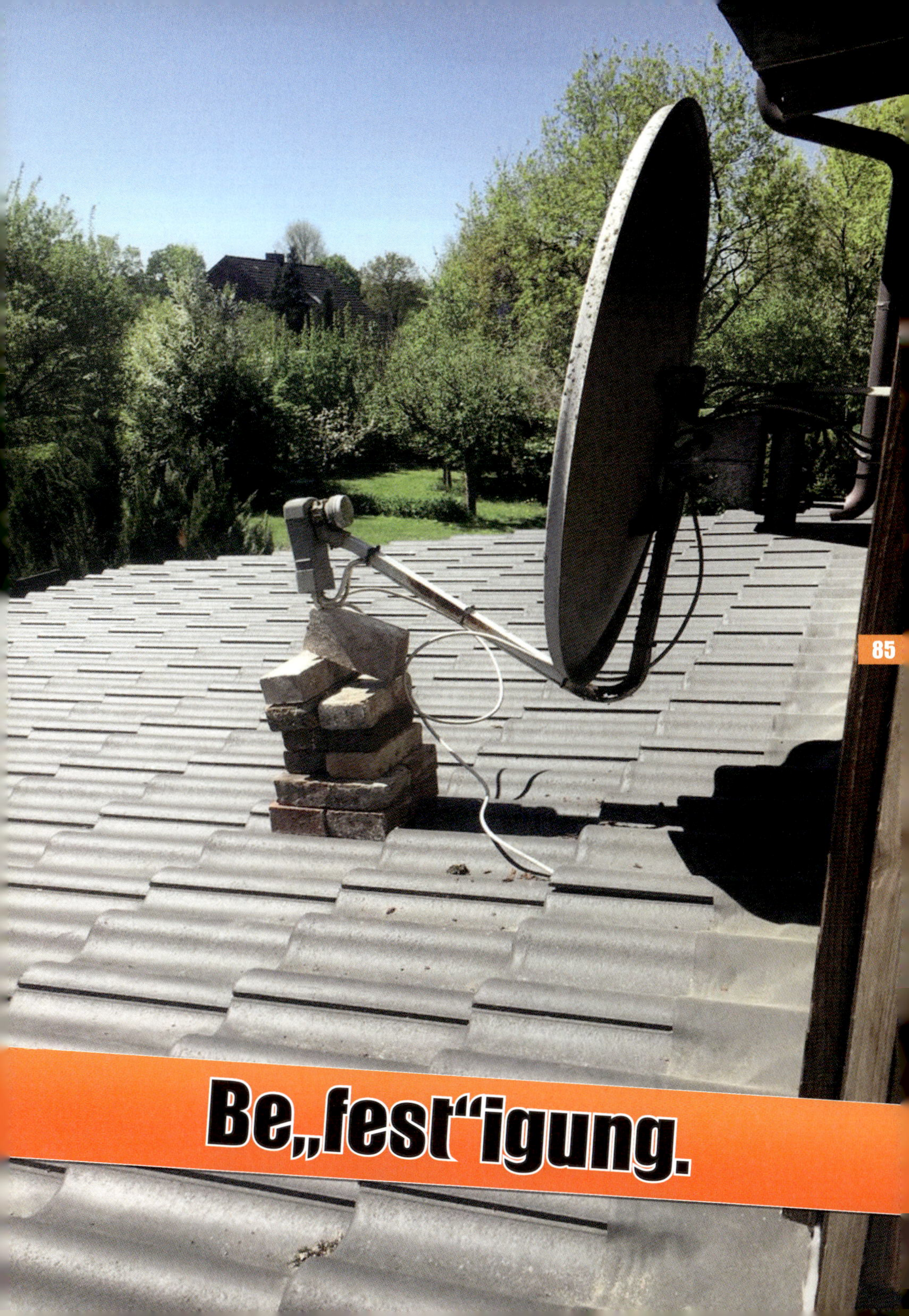

Be„fest“igung.

Mehr ist mehr.

Disko-Dusche!

Na klar passt das ins Auto!

88

Schatz, wir haben jetzt
auch so eine Solaranlage.

Schief ist
englisch und
Englisch ist
modern.

Immerhin wird es im Auto nicht stickig.

Halbe Steckdosen halten doppelt so lange!

"Ich kann das, habe ich auf
YouTube gesehen!"

Modell Aufputzbetondose

Mit Bauschaum kann man ganze Häuser bauen.

Volltreffer!

Die anderen verletzen sich beim Sport. Ich mach das beim Heimwerken.
HEIMWERKER-SPRÜCHE

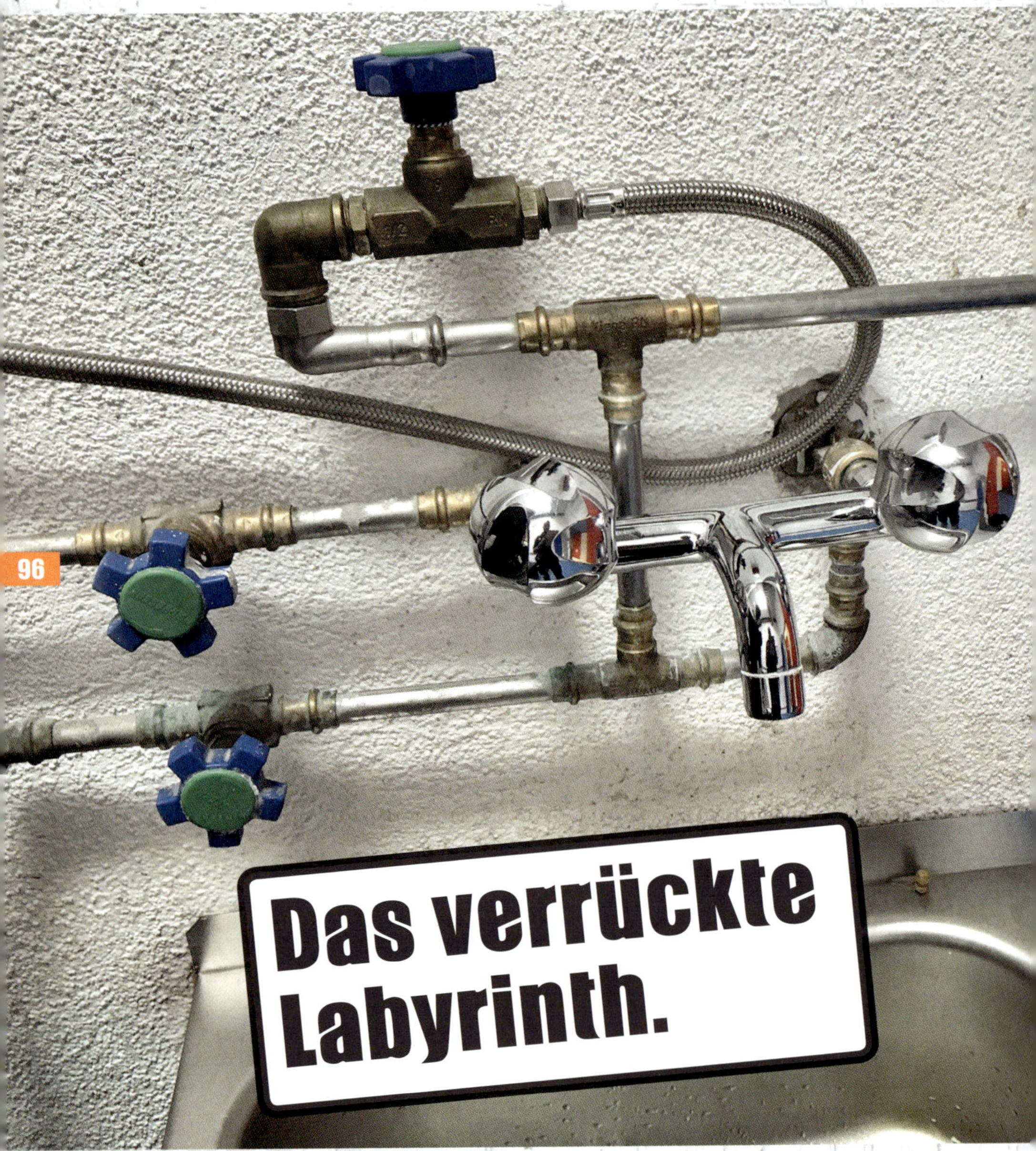

Das verrückte Labyrinth.

Wenn dir die Unterlegscheiben ausgehen ...

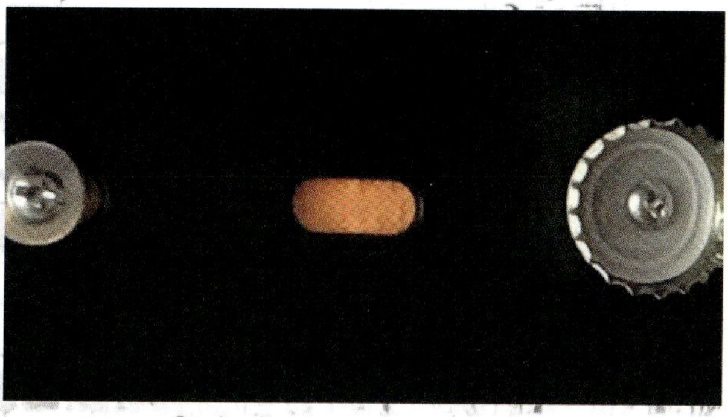

Heimwerker-Geschenk

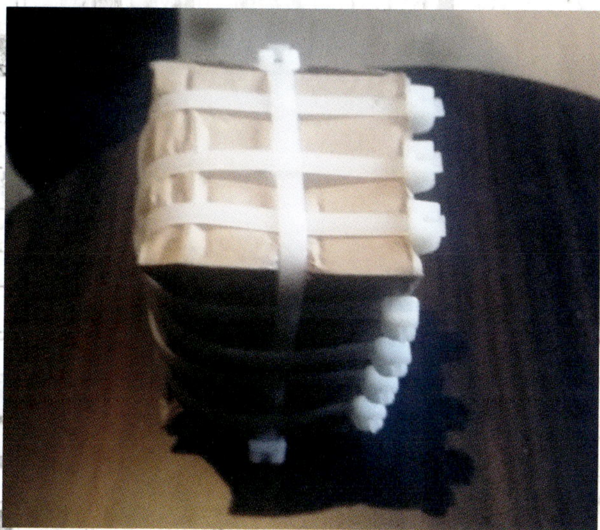

Kinder, der Balkon ist jetzt wieder sicher!

»Kannst du mir mal deinen Hammer ausleihen?«
»Klar, aber der ist aus U-Boot-Stahl!«

»Was soll das denn heißen?«
»Der taucht wieder auf!«

HEIMWERKER-SPRÜCHE

Bierständer

Fundsachen von damals ...

Geradlinigkeit ist Schubladendenken.

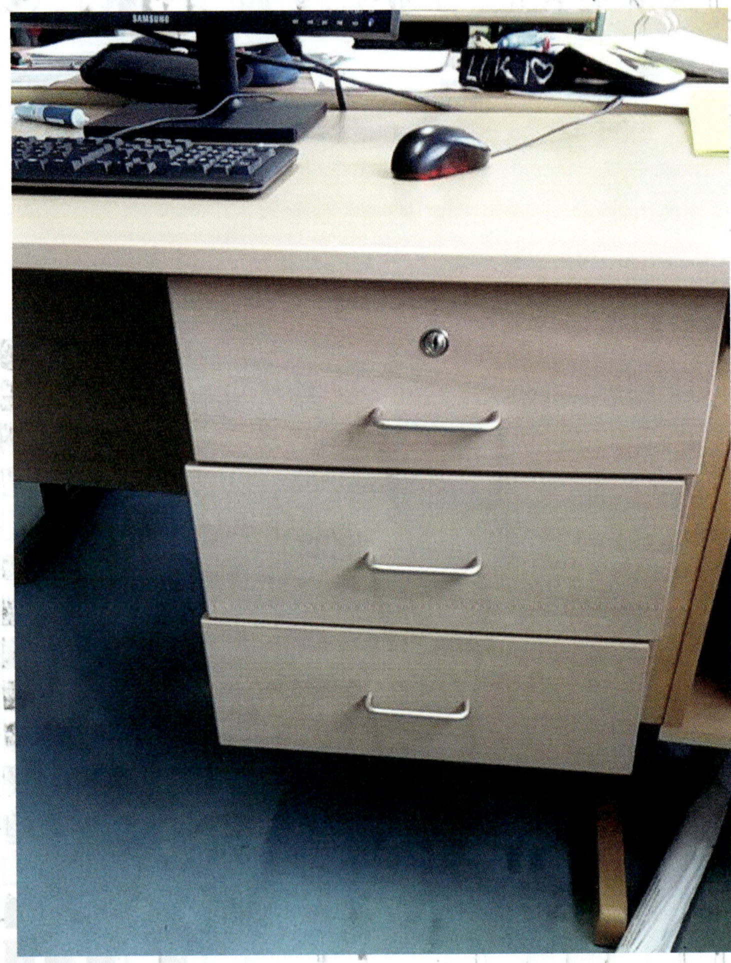

Kannst du so machen,
aber dann isses halt
kacke.

Schatz, Fliesen im Keller sind fertig – extra rutschfest!

Alles lief nach Plan, nur der Plan war kacke.

Outdoor-Küchen liegen doch voll im Trend ...

Das hat auch nicht jeder.

Ja, ich weiß, was ich tue – schon tausend Mal so gesehen …

Nichts hält länger als das Provisorium.

Hält, bis wir weg sind.

Heimwerker-Haargummis

Gehrung sieht anders aus.

Ich weiß auch nicht, warum
der Abfluss so stinkt ...

Werkstatt können wir uns sparen!

Dusch-Klo –
sehr praktisch!

Der Zirkus ist wieder in der Stadt.

Für Fahrgäste jeder Größe.

Ein bisschen Schaum muss sein ...

Warum ist das Bild so schlecht?

Dose passt!
Magermilch
Joghurt
Dessert

Wer braucht
schon einen Elektriker?

Schatz, Urlaub kann losgehen!

Passt die Frisur noch?

Gute Kreissäge, aber die Blätter sind ständig stumpf ...

Einbruchschutz 2.0

Türklinke mit praktischer Zusatzfunktion!

Guckt sich weg.

Die verflixte Sieben!

Der Teppich macht das Zimmer erst richtig wohnlich.

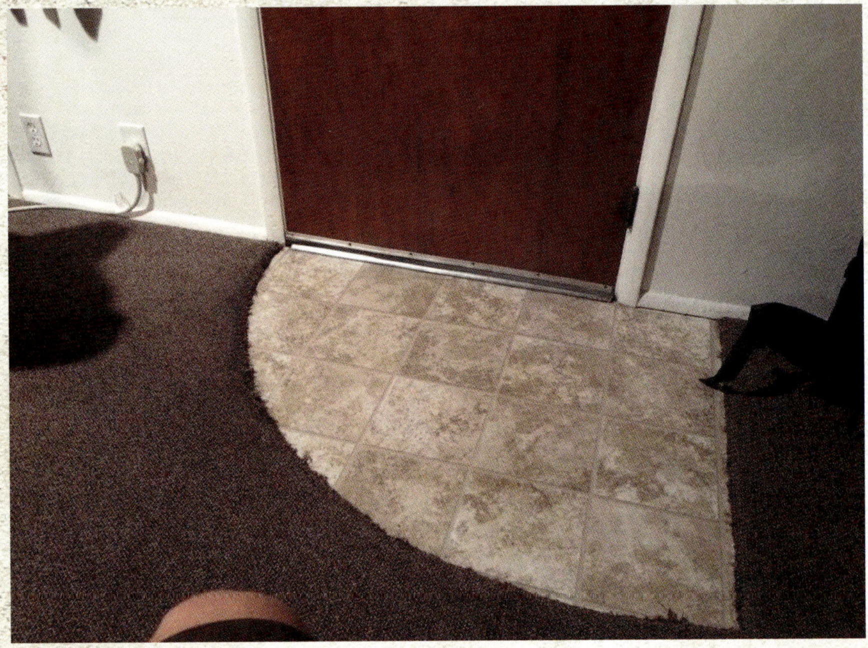

Wenn es funktioniert,
ist es kein Pfusch.

Bad renovieren? Kann ich!

Hammer gesucht.
Bier gefunden.
Plan geändert.
HEIMWERKER-
SPRÜCHE

Der neue Schraubhammer.

"Spülkasten in der Wand" habe ich mir anders vorgestellt.

Steckdose anschrauben
ist gar kein Problem.

Da war doch Alkohol im Spiel ...

Du kommst hier ned rein!

Schatz, die Mehrfachdose ist jetzt montiert.

Der Grund, warum Frauen länger leben als Männer.

Hält bis zum Sommer.

UNDERSTATEMENT-SCHUBKARRE.

Tageslicht-
bad.

Spülung ist fertig!

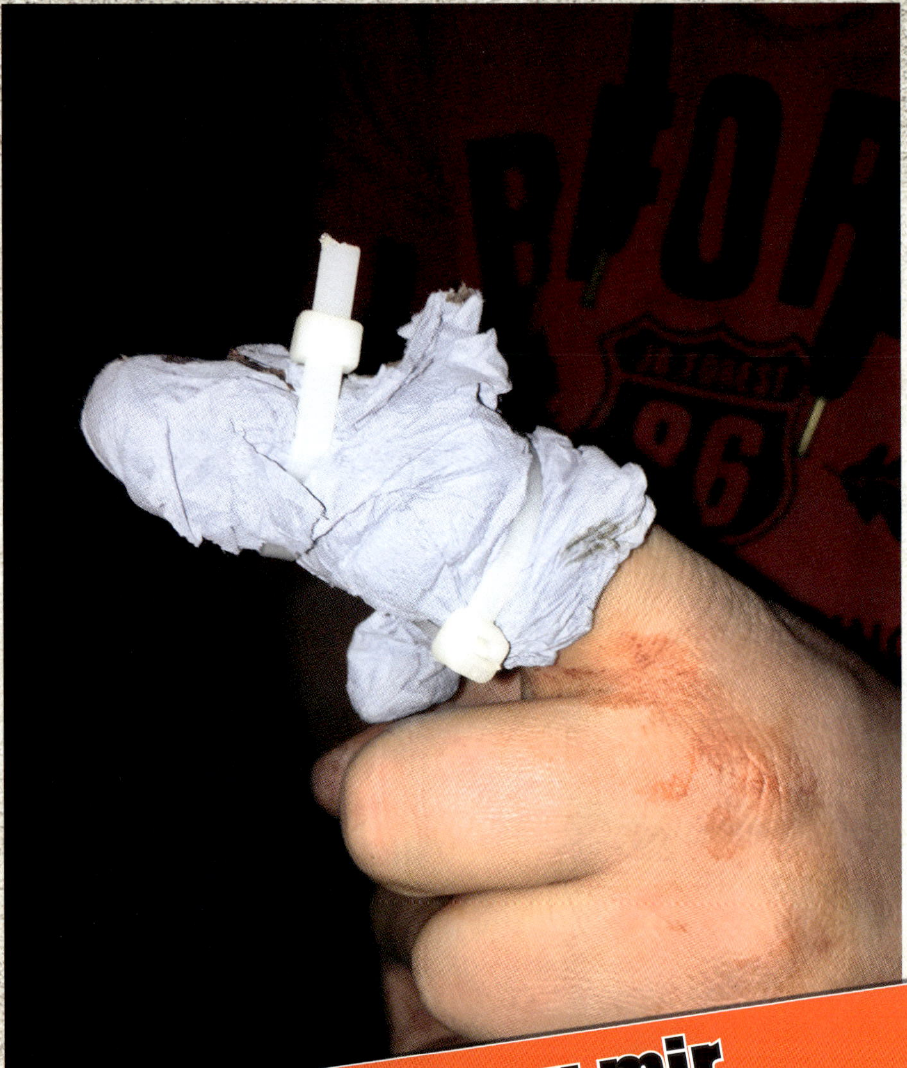

Schatz, vertrau mir,
ich weiß, was ich tue!

Ja, das war Absicht!

Hauptsache dicht!

Wasser ist nicht dumm, Wasser fließt auch im Kreis herum!

Schöne Aussicht!

Kabel sind verlegt.

Schatz, Silikon in der Küche passt dann jetzt so.

Unterspülkasten ist eingebaut!

Meine Frau wollte das so!

Wir brauchen doch keinen Baustrahler!

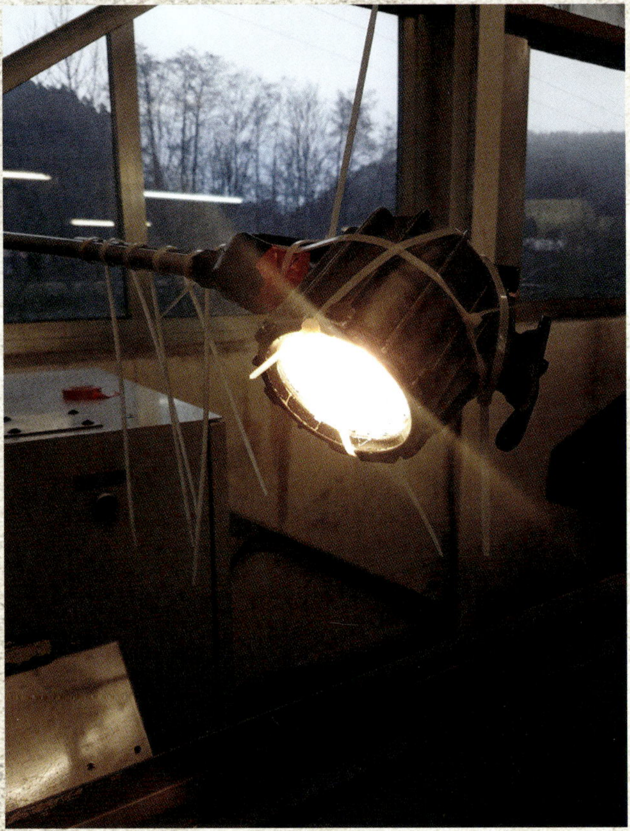

Falls die Kaffeemaschine mal so richtig dampft …

Hat jemand den Zollstock gesehen?

Kindersicherung
für den
Wasserhahn.

Erdung ist wichtig!

Schatz, wir hatten heute Schaumparty auf der Arbeit – nur der Chef fand es doof.

Nur noch lackieren – fertig!

Wer braucht schon einen Mixer?

Bildnachweis

Seite 6
Alexander Möller

Seite 7
Eva

Seite 8
Marcel Kamprad

Seite 10
Maximilian Conrad

Seite 12
Lukas Krämer

Seite 13
Andreas W.

Seite 14
Loic j.

Seite 16
Niklas Ruscher (oben) /
T. Hart C. Hengst (unten)

Seite 17
Tino Illgen

Seite 18
Hanna Herrmann

Seite 19
Thomas B. aus Kärnten

Seite 20
Die Denkaz

Seite 22
Alex Dvorak (oben) /
Diana (unten)

Seite 23
Maximilian Wachtmann

Seite 24
Serdar Costu

Seite 25
Christian

Seite 26
Thomas Richter

Seite 28
Mario F. aus K. (oben) /
Michael S. (unten)

Seite 29
Alex K.

Seite 30
Alex Arnold

Seite 31
Sebastian Hofsommer (oben) /
Tobi aus Wanne Eickel (unten)

Seite 32
Magic

Seite 34
Felix Irmer

Seite 35
Dusan Stevic (oben) /
Chris Kremzow (unten)

Seite 36
Kabel-Kötter (oben) /
Christian (unten)

Seite 37
Dario Kunkel

Seite 38
Denis Körfgen

Seite 40
Simon Fischer

Seite 41
Bergi

Seite 42
Roman

Seite 44
Andy

Seite 46
Shakarri

Seite 47
Andreas Renner

Seite 48
Johannes Schnuck

Seite 49
John Waldron

Seite 50
Botschki

Seite 52
Marvin Gerken

Seite 53
Lukas B.

Seite 54
Sandro

Seite 55
Dominik Westphal

Seite 56
Kevin Straß

Seite 58
Manfred Mies, Fa. MSM

Seite 59
John Daniel Lörch

Seite 60
Fabian Kramer

Seite 62
Thomas, Steiermark

Seite 64
Weller34

Seite 65
Alfi

Seite 66
Ph. H

Seite 67
Rænderson

Seite 68
Kai B

Seite 69
Timo

Seite 70
Marko Hofmann

Seite 71
Jakob (oben) / Q (unten)

Seite 72
Harald Prostata

Seite 74
Alexander Weber

Seite 76
Mathias Zimmermann

Seite 77
Andy Christensen

Seite 78
Simon Wölfl

Seite 79
Conwi

Seite 80
Bastian Kubitza (oben links) / Alex S. (unten links)

Seite 81
Robert Neumann

Seite 82
Lukas Maikowski

Seite 83
Dennis Dev

Seite 84
Jopi

Seite 85
Stephan Scholz

Seite 86
Tobias Seemann

Seite 87
Tobi Fallmann

Seite 88
Josef Berger

Seite 89
Malzi

Seite 90
Kathy W.

Seite 91
Sarah Reimann (oben) /
Tobias H. (unten)

Seite 92
Martin S (unten)

Seite 93
Adrian N

Seite 94
Pascal Sommerfeld

Seite 96
fitsch

Seite 97
Carina E (oben) /
OELY'S Dampfbar (unten)

Seite 98
Malte Weimar

Seite 100
Treibjagdverein n. eV

Seite 101
Mike Guth - Grossenwiehe

Seite 102
Lukas Kriechhammer

Seite 103
Rene & Mario

Seite 104
Lennart Heinemann (unten) /
Alex K (oben)

Seite 105
Kevin Kruchen

Seite 106
Mauermeier Daniel

Seite 107
Daniel Wichmann

Seite 108
Sarah Schiemenz

Seite 109
SD der Friemler

Seite 132
Leon Heimbürger (oben) /
Christian Trost (unten)

Seite 133
Justin

Seite 134
Dennis Grote

Seite 135
Sven M.

Seite 136
Dennis Langenbach

Seit 138
Jan

Seite 139
Jannik Kallweit

Seite 140
Lena&Jens (oben) /
Benjamin Waldmann (unten)

Seite 141
M.A.K.S. (links)/ Kevin Graf
(oben und unten rechts)

Seite 142
Stefanjonees (oben) /
Andre Gunreben (unten)

Seite 144
Sven Schultheiß

Seite 145
Tom

Seite 147
Stefan Rechsteiner

Seite 148
Stefan Bergermann

Seite 149
Simon Mielke

Seite 151
Andy

„Schatz, gib mir mal das Teil neben dem Ding, wo das Zeugs draufliegt!“

HEIMWERKER-
SPRÜCHE